LIVRE DE RECETTES RAMEN

30 RECETTES DE RAMEN SIMPLES ET RAPIDES

SOMMAIRE

Introduction 1

Recettes de ramen

Ramen Kimchi 6
Ramen coréen 8
Soupe ramen aux crevettes 10
Petit-déjeuner ramen 12
Hiyashi chuka 14
Ramen crémeux au bouillon de poulet 16
Ramen Tonkotsu 18
Ramen végétarien 20
Ramen hamburger 22
Ramen birria 24
Ramen sauté de bœuf brocoli 26
Ramen shio 28
Ramen carbonara 30
Ramen aux crevettes à l'ail 32
Soupe ramen poulet curry 34
Poêlée de nouilles oeuf porc haché 36
Ramen tiktok 38
Stir Fry ramen aux crevettes 40
Ramen Alfredo 42
Nouilles ramen ail sésame 44
Ramen au four à air 46
Salade de nouilles ramen 48

Ramen Shoyu 50
Salade de chou aux nouilles ramen 52
Ramen aux champignons 54
Ramen au porc épicé 56
Ramen au tofu 58
Ramen à la dinde 60
Ramen saumon au piment 62
Crevette royale yaki soba 64

INTRODUCTION

QU'EST-CE QUE LE RAMEN ?

Le ramen a pris d'assaut le monde occidental, mais qu'est-ce que ce plat et pourquoi est-il si populaire dans le monde entier ?

Pour faire simple, le ramen est une soupe de nouilles japonaise, composée d'un bouillon riche et parfumé, d'une variété de nouilles et d'une sélection de viandes ou de légumes, souvent agrémentée d'un œuf dur. Au Japon, le ramen est considéré comme un aliment rapide, et de nombreux petits restaurants et vendeurs ambulants proposent un bol chaud de cette délicieuse soupe.

Le plat de ramen est fortement régionalisé, avec différentes variations servies dans différentes régions du Japon, bien que toutes les variations soient basées sur le même concept de bouillon et de nouilles.

COMMENT FAIRE DES RAMEN ?

Les ramen japonais authentiques peuvent être difficiles à préparer en raison du temps nécessaire à la création d'un délicieux bouillon auquel vous ajoutez vos nouilles et vos ingrédients. Mais le temps que vous y consacrez en vaut la peine : vous obtiendrez une recette japonaise authentique, riche et savoureuse, que vous apprécierez vraiment.

Il existe de nombreuses variantes de ramen, notamment en fonction du type de bouillon utilisé, des types de nouilles et de la variété des garnitures choisies. Cependant, les étapes principales de la préparation du ramen peuvent être appliquées à chaque variété.

Pour faire du ramen, vous devez d'abord créer un bouillon. Une fois que vous avez décidé du bouillon que vous allez utiliser, il faut passer aux garnitures.

Une fois que vous avez choisi votre bouillon et votre garniture, il ne vous reste plus qu'à choisir les nouilles ramen. Elles existent dans toutes les formes et tailles et constituent la substance de la soupe ramen.

STYLES DE BOUILLON DE RAMEN

- L'un des ingrédients essentiels du Ramen est le bouillon, qui constitue une grande majorité du plat final. Cependant, tous les bouillons de Ramen ne sont pas les mêmes, voici les types les plus populaires.

- <u>Shio</u> (sel) - connu sous le nom de Shio Tare, ces bouillons sont souvent clairs ou pâles et ont tendance à être associés au poulet, au poisson ou aux légumes. Ce style de bouillon est traditionnellement le plus léger et tend à être utilisé lorsque le bouillon est la saveur dominante du plat.

- <u>Shoyu</u> (sauce soja) - connu sous le nom de shoyu tare, ce bouillon est le plus ancien des styles de bouillon et est généralement composé d'un mélange de bouillon de poulet ou de légumes et de sauce soja. Ce style de bouillon est très populaire au Japon et est souvent associé au poulet ou aux fruits de mer, il est très rare de le voir utilisé avec du porc. Ce style de bouillon est souvent salé et sucré et se marie bien avec de nombreux ingrédients populaires du Ramen.

- <u>Miso</u> - Un ajout plus récent au ramen, la pâte miso est souvent ajoutée au bouillon pour créer un goût savoureux distinct. Il est très évident à l'œil nu que le miso a été utilisé dans le ramen, car il rend le bouillon opaque plutôt que clair. Alors que le Shio et le Shoyu sont utilisés pour ajouter et accentuer la saveur du bouillon, la pâte miso est utilisée pour créer un goût complètement distinct et complexe qui lui est propre.

- <u>Tonkotsu</u> - Une version légèrement différente du bouillon ramen, le tonkotsu utilise le shio ou le shoyu ainsi que le bouillon provenant de l'ébullition des os de porc. Ce bouillon est souvent de couleur blanchâtre et se distingue nettement des autres variétés ci-dessus. Le tonkotsu est moins courant que les autres bouillons, mais il est toujours considéré comme un plat de ramen populaire au Japon.

NOUILLES DE RAMEN

Outre le bouillon caractéristique, les nouilles sont un élément très important du ramen. Elles ajoutent de la saveur et de la substance au plat et jouent un rôle tout aussi important que les autres ingrédients.

Les nouilles ramen sont généralement préparées avec de l'eau de lessive (solution de carbonate de potassium), ce qui leur donne la couleur jaune souvent associée aux ramen. Cela permet également de leur donner une bonne texture pour éviter qu'elles ne se perdent dans le bouillon. Les nouilles ramen peuvent avoir toutes les formes et toutes les tailles. Certaines régions du Japon servent des nouilles droites, d'autres des nouilles frisées, tout dépend de l'endroit où vous vous trouvez.

GARNITURES DE RAMEN

Maintenant que le bouillon et les nouilles ont été choisis, les garnitures sont l'élément suivant d'un délicieux ramen. Voici quelques-unes des garnitures les plus populaires que l'on retrouve régulièrement.

- Chashu - Ce sont des tranches de porc rôti ou braisé, souvent sucrées.

- Kamaboko - Ce sont des tranches de gâteau de poisson cuit à la vapeur.

- Tamago - Un œuf dur, mou ou souvent mariné. Ils sont très populaires sur presque tous les types de ramen.

- Nori - Le nori ou algue est une garniture courante pour les ramen, en raison de ses nombreux éléments nutritifs.

- Menma - Ce sont des pousses de bambou assaisonnées ou souvent fermentées.

- Maïs - La texture et le goût du maïs doux sont souvent utilisés pour ajouter un autre élément aux plats de ramen.

RECETTES

RAMEN KIMCHI

Pour 1 personne

 Temps de préparation : 5 minutes

 Temps de cuisson : 10 minutes

INGRÉDIENTS

- 1 cuillère à soupe d'huile végétale
- 5 champignons shiitake (tranchés finement)
- ½ tasse de chou kimchi (haché)
- ¼ tasse de jus de kimchi
- 2 1/2 tasses de bouillon de poulet ou de légumes
- 2 cuillères à café de poudre de piment rouge coréen (gochugaru).
- ¼ cuillère à café de sucre
- 1 cuillère à café d'huile de sésame
- 1 paquet de nouilles instantanées
- 1 oignon vert (en julienne)

INSTRUCTIONS

1) Dans une casserole moyenne, ajoutez l'huile végétale et les champignons. Faites-les sauter pendant 3 minutes. Ajoutez le kimchi et faites-le sauter pendant 2 minutes supplémentaires.

2) Ajoutez le jus de kimchi, le bouillon, la poudre de piment rouge coréen, le sucre et l'huile de sésame. Portez à ébullition et laissez mijoter pendant 5 minutes.

3) Pendant ce temps, ouvrez votre paquet de nouilles instantanées. Jetez le sachet d'arôme et faites bouillir les nouilles en suivant les instructions du paquet. Transférez les nouilles cuites dans un bol.

4) Versez votre bouillon sur les nouilles, et servez avec des oignons verts sur le dessus !

RAMEN CORÉEN

Pour 2 personnes

 Temps de préparation : 40 minutes

 Temps de cuisson : 10 minutes

INGRÉDIENTS

BOUILLON DE RAMEN CORÉEN
- 4 tasses de bouillon de poulet
- 4 c. à thé de gochujang
- 1 c. à thé de doenjang (facultatif)
- 2 c. à thé de miso shiro
- 1 c. à thé de gochugaru grossier (pas le type en poudre fine)
- 1 cuillère à café de sauce de poisson
- 4 cuisses de poulet sans peau

RAMEN CORÉEN
- 2 gros œufs
- oignons verts, champignons enoki, kimchi - tout ce que vous aimez vraiment
- le poulet réservé
- le bouillon de ramen coréen
- 100-150g de nouilles ramen japonaises - pas les instantanées

INSTRUCTIONS

LE BOUILLON
1) Faites mijoter le bouillon de poulet à feu moyen-doux dans une casserole assez grande pour contenir le bouillon, le poulet et finalement les nouilles.
2) Faites pocher les cuisses de poulet jusqu'à ce qu'elles atteignent une température interne de 80°C. Utilisez un thermomètre à lecture instantanée. Utilisez toujours un thermomètre à lecture instantanée. Cela devrait prendre environ 25 minutes.
3) Retirez les cuisses de poulet. Mettez-les de côté pour qu'elles refroidissent suffisamment pour être manipulées. Retirez le poulet des os. Vous voulez des morceaux de la taille d'une bouchée.
4) Passez le bouillon au tamis si vous avez peur que des petits morceaux flottent dans le bouillon. Ce n'est pas grave. Il n'y a rien de mal à avoir des petits morceaux. Remettez le bouillon dans la casserole.
5) Mélangez le gochujang, le doenjang si vous en utilisez, le miso et le gochugaru dans un petit bol. Ajoutez un peu de bouillon de poulet chaud dans le bol et remuez pour combiner le tout. Vous devez procéder de cette façon. Si vous ajoutez simplement l'arôme dans la grande marmite, vous allez courir après des morceaux de gochujang dans la marmite pendant une heure. Faites-moi confiance.
6) Ajoutez le mélange de gochujang au reste du bouillon dans la casserole. Incorporez la sauce de poisson. Goûter. Ajustez le sel si nécessaire. Votre bouillon est prêt.

ŒUFS À LA COQUE MOYENS
1) Dans une casserole moyenne, portez l'eau à ébullition. Faites bouillir les gros œufs pendant 6 minutes 30 secondes. Si vous utilisez de très gros œufs, faites-les bouillir pendant 7 minutes 30 secondes. Il se peut que vous deviez ajuster légèrement vos temps en fonction de la taille exacte de vos œufs, mais cela devrait être assez proche.
2) Plongez les œufs dans de l'eau très froide ou glacée pour les refroidir. Cela empêche les jaunes d'œufs de continuer à se former. Épluchez-les et mettez-les de côté. Ils vont se réchauffer dans le bouillon.
3) Coupez soigneusement les œufs en deux dans le sens de la longueur juste avant de servir. Le jaune d'œuf est encore un peu liquide, utilisez un couteau bien aiguisé.

SOUPE RAMEN AUX CREVETTES

Pour 4 personnes

 Temps de préparation : 10 minutes

 Temps de cuisson : 10 minutes

INGRÉDIENTS

- 1-2 cuillères à soupe d'huile d'olive
- 230g de champignons tranchés
- 1 grosse carotte, râpée
- 4 gousses d'ail, émincées
- 946 ml (4 tasses) de bouillon ou de stock à faible teneur en sodium, au choix
- 1 cuillère à soupe de gingembre fraîchement râpé
- 1 cuillère à café de sauce soja à faible teneur en sodium
- 1 cuillère à café d'huile de sésame
- 2 paquets de 85 g de nouilles ramen (jeter le sachet d'assaisonnement)
- 450 g de crevettes crues moyennes/grandes (décongelées, nettoyées et décortiquées)
- Oignons verts et coriandre hachés pour la garniture, facultatif.

INSTRUCTIONS

1) Dans une grande casserole, faire sauter les champignons et la carotte dans l'huile d'olive pendant 5 minutes ou jusqu'à ce qu'ils commencent à ramollir. Ajouter l'ail et cuire en remuant pendant 30 secondes. Ajouter le bouillon, le gingembre, la sauce soja et l'huile de sésame. Couvrir et porter à ébullition.

2) Une fois l'ébullition atteinte, ajouter les nouilles et les crevettes. Couvrir et laisser bouillir pendant 3 minutes. Servir avec des oignons verts et de la coriandre hachés, si désiré.

PETIT-DÉJEUNER RAMEN

Pour 2 personnes

 Temps de préparation : 5 minutes

 Temps de cuisson : 10 minutes

INGRÉDIENTS

- 1 paquet de 85g de ramen au poulet avec sachet d'arôme
- 4 tranches de bacon, hachées
- 2 œufs
- ½ tasse de lait
- 1 tasse de cheddar râpé

INSTRUCTIONS

1) Faites cuire les ramen selon les instructions de l'emballage, mais ne pas ajouter le sachet d'arômes.

2) Faites cuire le bacon dans une grande poêle profonde jusqu'à ce qu'il soit croustillant. Retirez-le et égouttez-le sur du papier absorbant, en laissant le jus de cuisson dans la poêle.

3) Battez les œufs, le lait, le fromage et le sachet d'arômes ensemble et ajoutez-les à la poêle. Versez les nouilles et mélangez-les jusqu'à ce que les œufs soient pris, puis retirez du feu.

4) Répartir dans deux bols, parsemer le bacon sur le dessus et servir!

HIYASHI CHUKA

Pour 2 personnes

 Temps de préparation : 5 minutes

 Temps de cuisson : 3 minutes

INGRÉDIENTS

VINAIGRETTE
- 2 cuillères à soupe d'eau
- 2 cuillères à soupe de sauce soja
- 2 cuillères à soupe tahini
- 2 cuillères à soupe vinaigre de riz
- 2 cuillères à café d'huile de sésame grillé
- 2 cuillères à café de sucre de canne évaporé
- 1 cuillère à café de gingembre râpé
- ⅛ cuillère à café de sel
- ⅛ cuillère à café de poivre blanc

SALADE DE RAMEN
- 240 grammes de nouilles ramen fraîches
- 1 petit concombre voir note, en julienne
- 2 petites tomates coupées en quartiers
- 4 tranches de jambon tranché en fines lamelles
- 2 feuilles de usuyaki tamago coupées en fines lamelles
- 1 cuillère à soupe de graines de sésame

INSTRUCTIONS

1) Préparez la sauce en mélangeant au fouet l'eau, la sauce soja, le tahini, le vinaigre de riz, l'huile de sésame, le sucre, le gingembre, le sel et le poivre blanc jusqu'à ce que la sauce soit émulsionnée.

2) Préparez toutes les garnitures.

3) Faites bouillir les nouilles selon les instructions du paquet.

4) Egouttez les nouilles et lavez-les à l'eau froide pour enlever l'excès d'amidon à la surface des nouilles.

5) Mettez les nouilles dans un bol d'eau glacée pour les refroidir, puis égouttez-les bien en enlevant l'excès de glace.

6) Répartissez les nouilles dans deux bols, puis arrosez-les d'une partie de la vinaigrette.

7) Disposez le concombre, les tomates, le jambon et l'usuyaki tamago sur les nouilles, puis garnir de graines de sésame. Servir le hiyashi chuka avec un supplément de vinaigrette sur le côté.

RAMEN CRÉMEUX AU BOUILLON DE POULET
Pour 2 personnes

 Temps de préparation : 20 minutes

 Temps de cuisson : 10 minutes

INGRÉDIENTS

POUR LE GYOFUN :
- 3 piments rouges séchés, tels que árbol, Thai bird, Bangladeshi, ou Kashmiri, équeutés (facultatif)
- 5g (environ 1 petite poignée) de copeaux de katsuobushi (thon séché fumé japonais).

POUR LA TARE DE MISO :
- 1 cuillère à soupe (15ml) de tare de shoyu (de la recette de ramen au shoyu de chintan)
- 2 cuillères à soupe (30ml) de pâte miso rouge
- 2 piments oiseaux thaïlandais rouges frais, équeutés et finement tranchés en croix (facultatif)

POUR SERVIR :
- 4 tasses (environ 950ml) de bouillon de poulet paitan
- 2 portions de nouilles ramen, achetées ou faites maison
- 4 cuillères à café (20ml) d'huile aromatique (de la recette de ramen chintan shoyu)

POUR DÉCORER :
- Tranches de poitrine de porc braisée (de la recette du ramen chintan shoyu, réchauffées et saisies au chalumeau si désiré) ; oeuf mariné (écalé et coupé en deux) ; et feuilles de nori grillées (facultatif).
- 2 cuillères à soupe d'oignon blanc finement coupé en dés
- 2 oignons verts, tranchés en croix aussi finement que possible
- Quartiers de citron vert

INSTRUCTIONS

1) Pour le Gyofun : Placez les piments séchés (si vous en utilisez) et le katsuobushi dans une poêle et mettez-la à feu moyen. Faites-les griller jusqu'à ce qu'ils soient odorants. À l'aide d'un moulin à épices ou d'un mortier et d'un pilon, réduire les piments grillés et le katsuobushi en une poudre fine. Mettre de côté.

2) Pour le miso tare : Dans un petit bol, mélanger le shoyu tare avec la pâte miso et les piments frais tranchés (si vous en utilisez) jusqu'à ce que le tout soit bien mélangé. Mettre de côté.

3) Pour assembler les bols de Ramen : Portez le bouillon de paitan à ébullition. Portez à ébullition une autre grande casserole d'eau non salée.

4) Ajoutez une louche d'eau bouillante dans chaque bol de service pour réchauffer les bols. Placez les nouilles dans la casserole d'eau bouillante, en remuant vigoureusement pour éviter qu'elles ne s'agglutinent, et les faire cuire comme indiqué sur l'emballage ou dans la recette.

5) Entre-temps, vider les bols de service de l'eau chaude. Déposez la moitié du mélange de tare miso et la moitié de l'huile aromatique dans chaque bol. Recouvrez chaque bol de 350 ml (1 1/2 tasse) de bouillon de paitan bouillant. À l'aide d'un mélangeur à immersion placé directement dans chaque bol, pulsez le mélange 2 à 3 fois, jusqu'à ce que le bouillon soit mélangé et quelque peu mousseux (avant de commencer à assembler les bols, il est bon d'en remplir un avec un volume équivalent d'eau et de vérifier que le liquide ne déborde pas lors du mélange ; Vous pouvez également utiliser un fouet pour mélanger le bouillon, la tare et l'huile aromatique dans chaque bol.

6) Passez les nouilles cuites au tamis, en secouant autant d'eau excédentaire que possible, et ajoutez une portion dans chaque bol de bouillon chaud. À l'aide de baguettes, soulevez les nouilles hors du bol et repliez-les dans le bouillon. Garnir de toute garniture souhaitée, comme de la poitrine de porc, un œuf coupé en deux et/ou des feuilles de nori. Garnir d'oignons blancs coupés en dés et d'oignons verts tranchés. Ajoutez une cuillère à café de gyofun de chili (ou plus, si vous le souhaitez) dans chaque bol. Servir immédiatement, avec des quartiers de citron vert à côté.

RAMEN TONKOTSU

Pour 4 personnes

 Temps de préparation : 10 minutes

 Temps de cuisson : 10 minutes

INGRÉDIENTS

POUR LE BOUILLON
- 85g à 115g de graisse de porc
- 2 tasses de bouillon de poulet
- 2 tasses de bouillon dashi (vous pouvez le remplacer par du bouillon de poulet)
- 2 tasses de lait de soja non sucré, de lait de cajou non sucré ou de lait d'avoine non sucré

POUR UN BOL DE RAMEN
- 1 portion de nouilles ramen fraîches, surgelées ou instantanées (pour le tonkotsu, je recommande des nouilles fines)
- 3 à 4 cuillères à soupe de tsuyu (sauce de base pour soupe japonaise) ou de chashu tare
- 1 oignon vert, haché
- Une poignée de germes de soja
- Une poignée de champignons noirs
- 1 à 2 tranches de chashu
- 1/2 à 1 œuf ramen
- 1 gousse d'ail, facultatif

INSTRUCTIONS

1) Placer la poitrine de porc dans une casserole moyenne avec suffisamment d'eau pour couvrir le porc. Portez à ébullition à feu moyen puis faites cuire la poitrine de porc pendant 5 à 7 minutes ou jusqu'à ce qu'elle soit entièrement cuite. Couper le gras de porc en petits morceaux et les placer dans un mélangeur. Ajouter le bouillon de poulet et mixer à haute vitesse jusqu'à ce que le mélange soit lisse, environ 1 à 2 minutes. Verser le mélange de gras de porc et de bouillon de poulet dans la casserole vide (la rincer rapidement avant de l'utiliser), puis ajouter le bouillon dashi et le lait de soja non sucré. Remuez et faites mijoter à feu moyen. Portez également une autre casserole d'eau à ébullition pour faire cuire les nouilles et les garnitures.

2) Pendant ce temps, préparons les garnitures de ramen.
Hacher l'oignon vert. Couper le champignon noir en longues bandes fines. Préparer le chashu en le saisissant dans une poêle sèche à feu vif, au chalumeau ou sous le gril pendant 3 à 5 minutes.

3) Lorsque l'eau est bouillante, blanchir les germes de soja pendant 1 minute puis les retirer de l'eau. Bien les égoutter et les mettre de côté. Ensuite, blanchir le champignon noir pendant 1 minute puis le retirer de l'eau. Égouttez-les bien et mettez-les de côté. Enfin, commencer la cuisson des nouilles. Les nouilles fraîches ou congelées ne prennent que 2 minutes. Les nouilles ramen instantanées prendront 3 à 4 minutes.

4) Pendant que les nouilles cuisent, ajouter le tsuyu ou le chashu tare dans un bol de service. Versez délicatement 1 1/2 tasse du bouillon que nous avons préparé plus tôt. Bien mélanger. Bien égoutter les nouilles cuites et les ajouter au bol. Remuer les nouilles pour les enrober uniformément de bouillon et les disposer. Disposer les garnitures sur les nouilles : germes de soja, champignons noirs, oignons verts, chashu et œuf ramen. Enfin, selon votre goût, râpez une gousse d'ail. Cet ail piquant et épicé équilibrera parfaitement ce bouillon épais et riche. Bon appétit !

RAMEN VÉGÉTARIEN

Pour 2 personnes

 Temps de préparation : 10 minutes

 Temps de cuisson : 1 heure

INGRÉDIENTS

- 8 tasses de bon bouillon de légumes à faible teneur en sodium
- 30g de shiitakes séchés (15-20 champignons)
- ¼ tasse de tamari à faible teneur en sodium ou autre bonne sauce soja
- 2 cuillères à soupe d'huile végétale, divisées
- 1 petit oignon jaune, tranché finement
- 2 gousses d'ail, émincées
- un morceau de gingembre frais de ½ pouce, pelé et émincé
- 1 cuillère à soupe de bon beurre
- 1 cuillère à soupe de pâte miso blanche
- 1 cuillère à soupe de mirin (vin de riz)
- 280g de bébés épinards
- 4 œufs
- 280g de champignons shiitake frais coupés en tranches
- 4 portions de nouilles ramen fraîches ou sèches*.
- Un paquet de 170g de tofu cuit au four, à température ambiante
- 2 à 3 échalotes, parties blanches et vertes tranchées
- Gomasio (sel de sésame)
- Huile de sésame grillée avec du piment fort

INSTRUCTIONS

1) Mélanger le bouillon de légumes et les shiitakes séchés dans une casserole moyenne. Portez à ébullition, puis couvrez et retirez du feu. Laissez les champignons infuser pendant au moins 30 minutes, jusqu'à 24 heures.
2) Retirer les champignons de la casserole et les hacher grossièrement, en enlevant et en jetant les tiges. Mettez les champignons dans un mixeur avec une tasse de bouillon et réduisez-les en purée jusqu'à ce qu'ils soient parfaitement lisses.
Remettez ce mélange dans la marmite avec le tamari. Le bouillon peut rester à ce stade jusqu'au moment de servir, voire quelques jours au réfrigérateur si vous le souhaitez.
3) Dans une grande poêle, faites chauffer une cuillère à soupe d'huile végétale à feu moyen-élevé. Ajoutez l'oignon coupé en tranches et faites-le cuire, en remuant fréquemment, jusqu'à ce qu'il soit ramolli et légèrement bruni par endroits, soit environ 5 minutes. Ajouter l'ail et le gingembre hachés et faire cuire en remuant pendant deux minutes supplémentaires. Ajoutez ce mélange dans la marmite.
4) Portez une grande casserole d'eau non salée à ébullition. Ajoutez les épinards et faites-les cuire pendant environ une minute, jusqu'à ce qu'ils soient tout juste flétris. Retirer de la casserole et mettre de côté.
5) Ajouter les œufs dans la marmite, réduire le feu pour faire mijoter et laisser cuire pendant 7 minutes. Retirer les œufs dans un bain de glace et les peler soigneusement lorsqu'ils sont assez froids pour être touchés.
6) Remettre l'eau à bouillir, puis ajouter les nouilles et les faire cuire selon les instructions de l'emballage. Égoutter et répartir les nouilles dans quatre grands bols.
7) Pendant que les nouilles cuisent, ajouter la cuillère à soupe d'huile végétale restante dans la même poêle que celle utilisée pour l'oignon et faire chauffer à feu moyen-élevé. Ajouter les shiitakes en tranches et quelques bonnes pincées de sel. Faites cuire, en remuant de temps en temps, jusqu'à ce que le volume soit réduit et que certains endroits soient bien dorés, environ 10 minutes.
8) Pour assembler les ramen, porter le bouillon à nouveau à frémissement, puis retirer du feu. Hors du feu, incorporez le beurre, la pâte miso et le mirin. Versez un peu de bouillon sur les nouilles dans chaque bol, juste à la hauteur des nouilles. Disposez un petit tas d'épinards et de shiitakes dans chaque bol. Tranchez le tofu et disposez quelques tranches dans chaque bol. Couper chaque œuf en deux et placer deux moitiés dans chaque bol. Saupoudrer de scallions, de gomasio et d'un peu d'huile de sésame grillé et de piment, avec des garnitures supplémentaires à passer à table. Servir avec des baguettes et de grandes cuillères.

HAMBURGER RAMEN NOUILLES POÊLÉE

Pour 4 personnes

 Temps de préparation : 10 minutes

 Temps de cuisson : 25 minutes

INGRÉDIENTS

- 1 livre de bœuf haché
- 2½ tasses d'eau
- 2 paquets (85g) de nouilles ramen à saveur de bœuf (avec les sachets d'assaisonnement)
- ½ tasse de sauce pour sautés
- Sac de 500g de légumes à sauter surgelés

INSTRUCTIONS

1) Faire revenir le bœuf dans une grande poêle à feu moyen ; égoutter la graisse.

2) Ajouter l'eau, les sachets d'assaisonnement pour la saveur du bœuf, la sauce et les légumes.

3) Remuer et porter à ébullition.

4) Réduire le feu à moyen-doux ; couvrir et cuire, en remuant de temps en temps, pendant 5 minutes, ou jusqu'à ce que les légumes soient croustillants et tendres.

5) Ensuite, défaire les nouilles ramen et les ajouter à la poêle.

6) Remuez bien, puis couvrez et faites cuire, en remuant de temps en temps, pendant 5 à 8 minutes, jusqu'à ce que la sauce épaississe et que les nouilles soient tendres.

RAMEN BIRRIA

Pour 8 personnes

 Temps de préparation : 20 minutes

 Temps de cuisson : 3h30

INGRÉDIENTS

- 7-8 tasses d'eau
- 1.8kg de rôti de paleron, coupé en 4 gros morceaux
- 900g de côtes courtes (avec os), ou de côtes de dos avec os.
- 1 gros oignon blanc, pelures sèches enlevées, coupé en deux dans le sens de la largeur.
- 1 bulbe d'ail, couper le sommet étroit, inutile de le peler.
- 1 carotte, coupée en deux dans le sens de la largeur, puis coupée en deux (4 gros morceaux de carotte)
- 5 feuilles de laurier, séchées
- 8 piments guajillo, tiges coupées et graines enlevées
- 3 cuillères à soupe de bouillon de poulet
- 1-2 cuillères à café de poudre de chili
- 1 cuillère à café d'origan mexicain
- 1 cuillère à café de cumin moulu
- 1 cuillère à café de sel, à ajuster au goût
- 4 paquets de nouilles ramen (85g)

GARNITURES
- radis, tranchés
- chou, râpé
- coriandre, en dés
- oignon blanc, en dés

INSTRUCTIONS

1) Ajouter les ingrédients dans la marmite : Dans une grande marmite, ajouter la viande, l'oignon, l'ail, les carottes et les poivrons séchés. Couvrir d'eau.
2) Ajouter les assaisonnements et faire bouillir : Ajouter le bouillon de poulet, l'origan, le cumin et le sel, et remuer pour combiner le tout. Portez à ébullition. Puis réduire le feu et continuer à laisser mijoter.
3) Écumer : Après 30 minutes, écumez le dessus de la marmite pour enlever les impuretés provenant de la cuisson des os. (Cela ressemblera à de petits morceaux de mousse sur le dessus).
4) Mixer les piments : Retirer les piments (ils doivent être ramollis) et les placer dans un mélangeur ou un robot culinaire. Mixez jusqu'à obtenir une consistance lisse, ajoutez jusqu'à 1/4 de tasse de bouillon si nécessaire pour obtenir une consistance lisse.
5) Filtrer les poivrons : Passez les poivrons au tamis si nécessaire pour enlever les morceaux de peau (si vous utilisez un mixeur puissant, cette étape n'est pas nécessaire).
6) Ajoutez les poivrons mixés dans le bouillon et remuez pour combiner.
7) Ajuster les assaisonnements : Ajoutez la poudre de chili si vous le souhaitez pour obtenir une belle couleur rouge foncé dans le bouillon.
8) Couvrir et laisser mijoter : Couvrez et laissez mijoter pendant environ 3 heures ou jusqu'à ce que la viande soit tendre et s'effiloche facilement toute seule. (Retirer le couvercle et remuer toutes les 40 minutes environ. Vous pouvez également goûter le bouillon une fois que la viande est bien cuite et rectifier les assaisonnements au besoin).
9) Ecumez : Écumez l'excès de graisse sur le dessus du bouillon.
10) Retirer les aromates : Retirez l'oignon, l'ail, les carottes et les feuilles de laurier du bouillon.
11) Déchiqueter la viande : Retirez la viande du bouillon et déchiquetez-la. Enlevez les os.

RAMEN SAUTÉ DE BŒUF BROCOLI

Pour 4 personnes

 Temps de préparation : 15 minutes

 Temps de cuisson : 15 minutes

INGRÉDIENTS

BŒUF ET BROCOLI :

- 170g de nouilles Ramen instantanées (deux paquets de 85g), sans l'assaisonnement.
- 450g de brocoli, coupé en 6 tasses de fleurons
- 2 c. à soupe d'huile d'olive, divisée
- 450g de bifteck de flanc, ou de haut de surlonge, finement tranché
- 2 c. à thé de graines de sésame, garniture facultative
- 2 c. à soupe de ciboulette, garniture facultative

SAUCE SAUTÉ :

- 1 cuillère à café de gingembre frais, pelé et râpé
- 3 gousses d'ail, râpées (2 cuillères à café)
- 6 cuillères à soupe de sauce soja à faible teneur en sodium
- 1/2 tasse d'eau chaude
- 3 c. à soupe de sucre brun léger, tassé
- 1 1/2 c. à soupe de fécule de maïs
- 2 c. à soupe d'huile de sésame
- 1/4 c. à thé de poivre noir

INSTRUCTIONS

1) Commencez par faire cuire les ramen pour qu'ils soient prêts quand vous en aurez besoin. Remplir une casserole moyenne d'eau et porter à ébullition. Ajoutez les nouilles ramen et faites-les cuire 3 minutes en les brisant avec une spatule. Égouttez-les, rincez-les à l'eau froide et mettez-les de côté.

2) Dans une grande tasse à mesurer ou un bol, combiner tous les ingrédients de la sauce et remuer pour dissoudre le sucre.

3) Placez une grande poêle épaisse sur un feu moyen. Une fois la poêle chaude, ajoutez 1 cuillère à soupe d'huile, 6 tasses de brocoli et 2 cuillères à soupe d'eau. Couvrir avec un couvercle et faire sauter pendant 4 minutes, en remuant de temps en temps, jusqu'à ce que le brocoli soit tendre et croquant. Transférer le brocoli dans un plat séparé.

4) Passez à un feu moyen-élevé et ajoutez 1 cuillère à soupe d'huile. Ajouter le boeuf en une seule couche et faire sauter 2 minutes par côté ou jusqu'à ce qu'il soit bien cuit, puis réduire le feu à moyennement bas.

5) Remuer la sauce si elle s'est séparée et l'ajouter à la poêle et laisser mijoter 3-4 minutes, en remuant de temps en temps. La sauce va s'épaissir. Remettre le brocoli dans la poêle avec les nouilles cuites et remuer ou mélanger pour combiner et enrober les nouilles de sauce. Ajoutez 1 à 2 cuillères à soupe d'eau à la sauce pour l'éclaircir si vous le souhaitez. Servir garni de graines de sésame et de ciboulette.

RAMEN SHIO

Pour 2 personnes

 Temps de préparation : 10 minutes

 Temps de cuisson : 15 minutes

INGRÉDIENTS

- 120g de chou, coupé en morceaux de la taille d'une bouchée
- 340g de nouilles ramen fraîches

BOUILLON DE RAMEN
- 1 1/2 cuillère à soupe d'huile de sésame
- 2 cuillères à soupe de gingembre, pelé et émincé
- 2 gousses d'ail, émincées
- 1 oignon vert, parties blanches seulement, finement haché
- 1 cuillère à café de poudre de dashi
- 2 cuillères à café de mirin
- 1 cuillère à soupe de saké
- 2/3 cuillères à café de sel marin
- 4 tasses d'eau bouillante

GARNITURES
- 2 échalotes, finement hachées
- 2 œufs à la sauce soja
- Feuilles de nori
- Menma (pousses de bambou assaisonnées)
- Shichimi togarashi

INSTRUCTIONS

1) Dans une petite casserole à feu moyen, ajouter l'huile de sésame, le gingembre, l'ail et les oignons verts, et faire cuire pendant 1 minute.

2) Baisser le feu et incorporer la poudre de dashi, le mirin, le saké et le sel marin. Faites cuire pendant 1 minute et ajoutez l'eau. Remuez, couvrez et maintenez le feu à faible intensité.

3) Remplissez une casserole de taille moyenne avec de l'eau et 1 cuillère à soupe de sel et portez à ébullition.

4) Lorsque l'eau bout, ajoutez le chou et faites-le blanchir pendant 5 minutes. Égouttez-le et mettez-le de côté.

5) Portez une casserole d'eau à ébullition et faites cuire les nouilles ramen selon les instructions figurant sur l'emballage (environ 2 minutes pour des nouilles fraîches). Égoutter les nouilles et les répartir dans deux bols.

6) Vérifiez que le bouillon est bien chaud et versez-le sur les nouilles ramen.

7) Garnissez de chou, d'oignons verts et d'autres garnitures et servez immédiatement.

RAMEN CARBONARA

Pour 2 personnes

 Temps de préparation : 5 minutes

 Temps de cuisson : 3 minutes

INGRÉDIENTS

- 1 tasse d'eau
- 1 paquet de ramen instantanés type frisés flash-fried
- 1 tranche de bacon
- 1 jaune d'œuf
- 1 cuillère à soupe de parmesan, plus pour la garniture
- 1 cuillère à soupe de poivre noir au goût
- 1 cuillère à soupe de feuilles d'échalote pour la garniture

INSTRUCTIONS

1) Ajoutez l'eau, les ramen et le bacon dans une casserole juste assez grande pour contenir les nouilles et portez le mélange à ébullition.

2) Retournez la brique de nouilles plusieurs fois jusqu'à ce qu'elle commence à se défaire. Remuez continuellement jusqu'à ce qu'il n'y ait plus de morceaux de nouilles, puis éteignez le feu et laissez les nouilles reposer pendant 2 minutes, en remuant de temps en temps.

3) Dans un bol, fouettez ensemble le jaune d'œuf, le parmesan et quelques grains de poivre noir.

4) Lorsque les nouilles sont cuites, ajoutez le contenu de la casserole dans le bol avec le jaune d'œuf et le fromage et mélangez bien le tout jusqu'à ce que les nouilles soient enrobées d'une sauce épaisse.

5) Servez le Ramen Carbonara garni de plus de parmesan et de poivre noir, ainsi que d'un peu d'oignons verts.

RAMEN AUX CREVETTES À L'AIL

Pour 4 personnes

 Temps de préparation : 10 minutes

 Temps de cuisson : 20 minutes

INGRÉDIENTS

POUR LES CREVETTES À L'AIL :
- 2 cuillères à soupe d'huile d'olive extra vierge
- 4 gousses d'ail, émincées
- 450g de crevettes, décortiquées et déveinées
- sel et poivre frais moulu, au goût
- 1 cuillère à soupe de beurre

POUR LES NOUILLES RAMEN :
- 2 cuillères à soupe d'huile d'olive extra vierge
- 1 gros oignon jaune, coupé en tranches
- 2 tasses de fleurons de brocoli
- sel et poivre frais moulu, au goût
- 2 paquets (85g chacun) de nouilles ramen, brisées (jeter le paquet d'arômes)
- 2 tasses de bouillon de légumes à faible teneur en sodium
- persil frais haché, pour garnir

INSTRUCTIONS

POUR LES CREVETTES
1) Ajouter l'huile d'olive et l'ail dans une grande poêle antiadhésive à feu moyen ; faire cuire pendant 1 minute ou jusqu'à ce que l'ail soit parfumé.

2) Ajouter les crevettes et assaisonner de sel et de poivre ; cuire pendant 2 minutes de chaque côté.

3) Augmenter le feu à moyen-élevé et ajouter le beurre ; cuire jusqu'à ce que le beurre soit fondu et que les crevettes soient roses avec des bords brunis.

4) Transférer dans un plat et mettre de côté. NE PAS nettoyer la poêle.

POUR LES NOUILLES RAMEN
5) Remettre la poêle sur la cuisinière et ajouter 2 cuillères à soupe d'huile d'olive ; faire cuire à feu moyen-élevé jusqu'à ce que ce soit chaud.

6) Ajouter les oignons et le brocoli ; saler et poivrer et faire cuire pendant 5 minutes, ou jusqu'à ce qu'ils soient tendres.

7) Ajouter les nouilles cassées et le bouillon de légumes dans la poêle ; incorporer les crevettes préalablement préparées et porter le mélange à ébullition.

8) Faire cuire en remuant pendant environ 5 minutes, ou jusqu'à ce que les nouilles soient tendres et que la majeure partie du liquide soit absorbée.

9) Retirer du feu et laisser reposer quelques minutes.

10) Garnir de persil.

SOUPE RAMEN POULET CURRY

Pour 6 personnes

 Temps de préparation : 5 minutes

 Temps de cuisson : 25 minutes

INGRÉDIENTS

- 1 c. à table d'huile d'olive
- 450g de tendres de poulet. On peut aussi utiliser des poitrines ou des cuisses de poulet désossées et sans peau.
- Sel Kasher et poivre noir concassé, au goût.
- 3 gousses d'ail, râpées en pâte ou finement hachées
- 1 cuillère à soupe de gingembre fraîchement râpé
- 5 oignons verts coupés en morceaux de 1 pouce (environ 1 tasse)
- 2 cuillères à soupe de pâte de curry jaune
- 1 c. à thé de curcuma
- 6 tasses de bouillon de poulet ou de bouillon, j'aime utiliser ce bouillon de poulet.
- 1 boîte de 380g de lait de coco
- 1 cuillère à soupe de sauce de poisson

INSTRUCTIONS

1) Faites chauffer l'huile d'olive dans une grande casserole à feu moyen-élevé.

2) Saler et poivrer les filets de poulet, puis les placer dans la marmite une fois l'huile chaude. Faites cuire les filets pendant environ 7 à 10 minutes, en les retournant à mi-cuisson avec des pinces, ou jusqu'à ce qu'ils soient cuits et atteignent une température interne de 75º C. Une fois cuits, transférez-les dans une assiette recouverte de papier absorbant ou sur une planche à découper.

3) Ajoutez un peu plus d'huile dans la poêle si nécessaire, puis ajoutez l'ail et le gingembre. Laissez mijoter pendant environ une minute.

4) Ajoutez les oignons verts, la pâte de curry et le curcuma, et laissez mijoter pendant environ une autre minute, en remuant pour décomposer la pâte de curry autant que possible.

5) Enfin, ajoutez le bouillon de poulet et le lait de coco. Remuez bien le tout et faites mijoter le liquide à feu moyen, puis ajoutez la sauce de poisson et remuez.

6) Si vous souhaitez ajouter du piquant au bouillon, ajoutez quelques flocons de chili ou une cuillère à soupe ou deux de sauce chili, comme le sambal oelek.

7) Laissez mijoter pendant environ 10 minutes.Pendant ce temps, râpez ou hachez grossièrement les filets de poulet.Dans une autre casserole, préparez vos nouilles Ramen selon les instructions figurant sur l'emballage. (Les méthodes varient selon que les nouilles sont instantanées ou fraîches).

8) Une fois les nouilles cuites, égouttez-les, placez-les dans un bol et versez le bouillon au curry sur les nouilles. Garnissez les nouilles avec le poulet et complétez votre bol de Ramen avec les extras de votre choix, comme du bok choy saisi, des carottes en julienne, des œufs mollets confiturés, etc.

POÊLÉE DE NOUILLES OEUF PORC HACHÉ

Pour 1 personne

 Temps de préparation : 5 minutes

 Temps de cuisson : 15 minutes

INGRÉDIENTS

- 1 cuillère à soupe d'huile de sésame
- 1 livre de porc haché
- 1 gousse d'ail émincée
- 1 petite tête de chou râpée
- 2 tasses de carottes râpées
- 2 branches de céleri coupées en dés
- 230g de champignons tranchés
- 115g de nouilles ramen ou de nouilles de riz
- 3 cuillères à soupe de sauce hoisen
- 2 cuillères à soupe de sauce soja
- 1 cuillère à soupe de vinaigre de vin de riz
- 2 cuillères à café de pâte de piment rouge
- oignons verts hachés pour la garniture

INSTRUCTIONS

1) Dans une grande poêle, ajouter l'huile de sésame à feu moyen-élevé. Ajouter le porc et le faire cuire en l'émiettant jusqu'à ce qu'il soit brun. Ajouter l'ail, les assaisonnements ramen, le chou, les carottes, le céleri, les champignons et faire cuire pendant 4 à 6 minutes jusqu'à ce que les légumes soient tendres.

2) Faire cuire les nouilles ramen selon les instructions du paquet. Les égoutter et les ajouter à la poêle. Ajouter la sauce hoisin, le vinaigre de vin de riz et la pâte de chili et mélanger jusqu'à ce que le tout soit bien chaud. Garnir d'oignons verts et servir immédiatement.

RAMEN TIKTOK

Pour 1 personne

 Temps de préparation : 1 minute

 Temps de cuisson : 5 minutes

INGRÉDIENTS

- 1 paquet de ramen instantanés de préférence de marque coréenne
- 1 cuillère à soupe de beurre
- 1 c. à thé d'ail émincé
- 1/4 c. à thé de flocons de piment rouge ou au goût
- 1 cuillère à café de sucre brun
- 1 cuillère à soupe de sauce soja
- 1 œuf légèrement battu
- 1 c. à thé d'épices pour bagels ou au goût

INSTRUCTIONS

1) Faites cuire les ramen selon les instructions de l'emballage et égouttez-les bien.

2) Dans une poêle, faites chauffer le beurre à feu moyen. Incorporer l'ail et les flocons de piment rouge. Lorsque l'ail est tendre, ajoutez la cassonade et la sauce soja.

3) Ajoutez les nouilles égouttées à la sauce et mélangez-les pour les enrober. Poussez les nouilles sur un côté de la poêle.

4) Augmentez le feu et ajoutez l'œuf légèrement battu dans la poêle. Mélangez jusqu'à ce que le tout soit prêt.

5) Dégustez chaud, nappé d'épices pour bagels.

STIR FRY RAMEN AUX CREVETTES

Pour 4 personnes

 Temps de préparation : 5 minutes

 Temps de cuisson : 15 minutes

INGRÉDIENTS

- 1 c. à soupe d'huile de sésame, divisée
- 2 tasses de pois mange-tout
- 140g de champignons shiitake, tranchés
- 1/2 petit oignon, émincé
- 1/4 c. à thé de sel
- 2 grosses gousses d'ail
- 1/2 c. à thé de gingembre, émincé
- 300g de grosses crevettes
- 2 c. à soupe de tamari
- 2 c. à soupe de sucre brun tassé
- 2 c. à thé de vinaigre de riz
- 1 1/2 tasse de bouillon de poulet à faible teneur en sodium, plus si nécessaire
- 2 paquets de nouilles ramen

INSTRUCTIONS

1) Faites chauffer une grande poêle à feu moyen-élevé. Une fois la poêle chaude, ajoutez 2 cuillères à café d'huile de sésame. Ajouter les pois mange-tout, les champignons, les oignons et le sel. Faire sauter, en remuant souvent, jusqu'à ce que les pois soient d'un vert vif et que les champignons et les oignons soient ramollis, environ 4 à 5 minutes. Ajouter l'ail et le gingembre et faire cuire encore 1 à 2 minutes. Retirer les légumes de la poêle et les mettre de côté.

2) Saler et poivrer les crevettes des deux côtés. Ajouter les 2 cuillères à café restantes d'huile de sésame dans la poêle. Ajouter les crevettes. Cuire les crevettes jusqu'à ce qu'elles soient rose vif et enroulées en forme de C. Cela devrait prendre environ 3 minutes. Retirer de la poêle et mettre de côté.

3) Tirez les nouilles en deux pour avoir quatre briques de nouilles. Fouetter le tamari, le sucre brun, le vinaigre de riz, le bouillon de poulet et la sauce soja dans un petit bol ou une tasse à mesurer. Ajouter à la casserole. Porter à ébullition et réduire à un frémissement. Ajouter les nouilles. Laissez les nouilles reposer dans le liquide frémissant pendant 30 secondes. Utilisez des pinces ou des baguettes pour les retourner. Répétez l'opération jusqu'à ce que les nouilles soient souples. Utilisez les pinces ou les baguettes pour séparer toutes les nouilles. Laisser mijoter, en remuant souvent, jusqu'à ce que les nouilles soient cuites, environ 2-3 minutes de plus. Si la sauce s'est trop évaporée ou si les nouilles absorbent trop de liquide, ajoutez une cuillère à soupe de bouillon de poulet à la fois afin qu'il y ait suffisamment de liquide pour que les nouilles cuisent.

4) Mélangez les nouilles dans la sauce. Ajoutez les crevettes et les légumes aux nouilles. Mélanger pour combiner.

RAMEN ALFREDO

Pour 2 personnes

 Temps de préparation : 2 minutes

 Temps de cuisson : 7 minutes

INGRÉDIENTS

- 2 cuillères à soupe de beurre
- 1 et 1/4 tasse de bouillon de poulet
- 1 tasse de lait
- 1/2 cuillère à café de poudre d'ail (facultatif)
- 1/4 cuillère à café de sel ou au goût
- poivre noir moulu, au goût
- 2 paquets de nouilles ramen instantanées (85g), sans les sachets de saveur
- 1/2 c. à thé de persil séché ou frais (facultatif)
- 1/4 tasse de fromage parmesan râpé

INSTRUCTIONS

1) Ajouter le beurre, le bouillon de poulet, le lait, la poudre d'ail (si vous l'utilisez), le sel et le poivre dans une casserole moyenne, remuer et porter à ébullition à feu moyen-élevé.

2) Ajouter les nouilles ramen et faire cuire (à feu vif pour des nouilles al dente et à feu moyen pour des nouilles plus molles), en remuant toutes les 20-30 secondes pour détendre les nouilles (afin que la cuisson soit uniforme).

3) Faites cuire jusqu'à ce qu'il reste un peu de liquide, retirez du feu et incorporez immédiatement le parmesan et le persil (si vous en utilisez).

4) La sauce va s'épaissir en refroidissant. Servez le Ramen Alfredo chaud ! !!

NOUILLES RAMEN AIL SÉSAME

Pour 4 personnes

 Temps de préparation : 5 minutes

 Temps de cuisson : 5 minutes

INGRÉDIENTS

- 2 paquets de 85g de nouilles Ramen, sans le sachet d'assaisonnement
- 2 cuillères à café d'huile de sésame
- 2 gousses d'ail, émincées
- ¼ tasse de sauce soja. L'idéal est une sauce à faible teneur en sodium
- 1 cuillère à café de sucre brun
- 2 cuillères à café de Sriracha*

INSTRUCTIONS

1) Faites cuire les nouilles ramen sans le paquet d'assaisonnement comme indiqué sur l'emballage. Égoutter et mettre de côté.

2) Chauffer l'huile de sésame dans une petite poêle ou une casserole à feu moyen.

3) Faire cuire l'ail en remuant constamment pendant 2 minutes.

4) Retirer la poêle du feu et incorporer la sauce soja, la cassonade et la sriracha en fouettant jusqu'à ce que le tout soit combiné.

5) Mélanger les nouilles avec la sauce.

6) Garnir d'oignons verts si désiré.

RAMEN AU FOUR À AIR

Pour 2 personnes

 Temps de préparation : 15 minutes

 Temps de cuisson : 35 minutes

INGRÉDIENTS

- 1 paquet de nouilles ramen instantanées au poulet
- 1 1/2 tasse de poulet de rôtisserie, déchiqueté
- 300g de soupe condensée crème de bacon
- 1/3 de tasse de lait entier
- 230g de champignons tranchés
- 1 c. à soupe d'ail émincé
- 1 œuf
- 1/2 cuillère à soupe de beurre
- 2 tranches de fromage américain
- 2 tranches de bacon

INSTRUCTIONS

1) Préchauffer la friteuse ou le four à 205 degrés C.

2) Faire sauter les champignons, en ajoutant l'ail dans la dernière minute de cuisson.

3) Cuire les nouilles ramen selon les instructions de l'emballage, en réservant le paquet de faveur. Casser un œuf dans un bol, égoutter les nouilles, et couvrir l'œuf avec les nouilles chaudes pendant une minute ou deux. Ajoutez une demi-cuillère à soupe de beurre sur les nouilles, et mélangez avec l'œuf.

4) Vaporisez un plat en verre Pyrex allant au four avec de l'huile d'olive ou un spray de cuisson, et ajoutez le poulet comme couche inférieure.

5) Mélangez le lait, la crème de soupe au bacon et le paquet d'arômes pour ramen dans un bol. Versez sur le dessus du poulet dans votre plat à gratin.

6) Ajoutez ensuite les champignons et l'ail, puis les nouilles.

7) Coupez deux tranches de bacon en petites lamelles. Ajoutez deux tranches de fromage américain sur le dessus de votre cocotte, en les couvrant uniformément. Recouvrez de tranches de bacon.

8) Faites cuire pendant 10 minutes, ou jusqu'à ce que le bacon soit cuit et le fromage bruni.

SALADE DE NOUILLES RAMEN

Pour 8 personnes

 Temps de préparation : 15 minutes

 Temps de cuisson : -

INGRÉDIENTS

- 2 cuillères à soupe de beurre
- paquet de 85g de nouilles ramen, sans le sachet d'assaisonnement
- 1/2 tasse d'amandes effilées
- 3 cuillères à soupe de graines de sésame
- 225g de chou Napa, environ 8-10 tasses de chou râpé
- 1 bouquet d'oignons verts, tranchés finement, environ 1/2 tasse

INGRÉDIENTS DE LA VINAIGRETTE
- 1/2 tasse d'huile d'olive légère aromatisée
- 1/4 tasse de vinaigre blanc ordinaire
- 1/2 tasse de sucre blanc
- 2 cuillères à soupe de sauce soja à faible teneur en sodium

INSTRUCTIONS

1) Pour faire la vinaigrette : Mélanger l'huile, le vinaigre, le sucre et la sauce soja dans un bocal et secouer jusqu'à ce que le sucre soit dissous.

2) Faites fondre le beurre dans une grande poêle à feu moyen. Pendant que le beurre fond, écrasez les nouilles ramen encore dans leur emballage. Retirez le paquet d'assaisonnement et jetez-le (ou mettez-le de côté pour une utilisation ultérieure). Ajouter les nouilles, les amandes et les graines de sésame au beurre fondu dans la poêle.

3) Faire sauter en remuant fréquemment, jusqu'à ce que le mélange de nouilles soit doré. Transférer dans une assiette et laisser refroidir.

4) Déchiquetez le chou et mélangez le chou et les oignons dans un grand bol. Ajoutez le mélange de nouilles. Verser la vinaigrette sur la salade et bien mélanger. Servir immédiatement.

RAMEN SHOYU

Pour 2 personnes

 Temps de préparation : 5 minutes

 Temps de cuisson : 20 minutes

INGRÉDIENTS

POUR LA SAUCE SHOYU :
- 1 cuillère à soupe d'huile de sésame
- 1 gousse d'ail (émincée)
- 1 morceau de gingembre de 2.5cm (pelé et émincé)
- 1/4 de tasse de sauce soja
- 1 cuillère à soupe de saké de cuisine
- 1 tasse de dashi
- 2 1/2 cuillères à soupe de mirin
- 1 tasse d'eau pour ramen (l'eau dans laquelle les nouilles ramen cuisent)

GARNITURES :
- 2 œufs ramen (facultatif)
- menma - bambou mariné
- feuilles de nori sèches
- oignons verts hachés
- poivre blanc moulu

INSTRUCTIONS

1) Dans une petite casserole à feu moyen-élevé, ajouter l'huile de sésame, l'ail et le gingembre. Faire sauter pendant 2 minutes, ou jusqu'à ce qu'ils soient parfumés.

2) Ajouter le reste des ingrédients pour la soupe - sauf l'eau des ramen - et porter à ébullition. Baisser le feu, couvrir et laisser mijoter à feu doux pendant 15 minutes. Mettre de côté.

3) Amener une casserole d'eau moyenne à ébullition. Ajoutez les nouilles ramen à l'eau bouillante et faites-les cuire selon les instructions figurant sur l'emballage. Pour des nouilles fraîches, la cuisson ne doit pas dépasser 2 à 3 minutes.

4) Avant d'égoutter les nouilles, prenez une tasse d'eau de ramen et ajoutez-la à la soupe shoyu. Remuez.

5) Égouttez les nouilles et répartissez-les dans deux bols.

6) Versez la soupe dans les bols et ajoutez les garnitures souhaitées. Servez immédiatement.

SALADE DE CHOU AUX NOUILLES RAMEN

Pour 4 personnes

 Temps de préparation : 7 minutes

 Temps de cuisson : 3 minutes

INGRÉDIENTS

- Un paquet de 400g de mélange de salade de chou
- 85g de nouilles ramen instantanées (poulet épicé ou saveur de légumes
- 3 tiges d'échalotes (finement hachées)
- 2 cuillères à soupe de graines de sésame
- 1/2 tasse d'amandes effilées
- Boîte de 300g de mandarines (égouttées)
- Pour la vinaigrette :
- 3 cuillères à soupe d'huile végétale
- 2 cuillères à soupe de sauce soja
- 2 cuillères à soupe de vinaigre de riz
- 1 cuillère à café d'huile de sésame
- 1 cuillère à café de sucre cristallisé

INSTRUCTIONS

1) Mettre tous les ingrédients de la vinaigrette dans un bol et fouetter jusqu'à ce que la vinaigrette soit émulsionnée. Mettre de côté.

2) Dans une petite poêle, à feu doux et moyen, faites griller les graines de sésame et les amandes tranchées pendant quelques minutes jusqu'à ce qu'elles deviennent dorées. Transférer dans une assiette et laisser refroidir à température ambiante.

3) Mettre le mélange de salade de chou, les mandarines, les oignons verts, les amandes et les graines de sésame dans un bol et casser les nouilles ramen sur le dessus avec les doigts. Verser la vinaigrette et mélanger jusqu'à ce que la salade soit bien enrobée.

4) Servir immédiatement.

RAMEN AUX CHAMPIGNONS

Pour 2 personnes

 Temps de préparation : 10 minutes

 Temps de cuisson : 10 minutes

INGRÉDIENTS

- 750ml de bouillon de légumes
- 4 cm de gingembre, ½ tranché, ½ râpé
- 1 piment rouge, ½ laissé entier, ½ finement haché
- 1 gousse d'ail, écrasée
- 2 cuillères à soupe de pâte miso blanche
- 200 g de ramen congelés (ou 100 g de nouilles aux œufs séchées)
- 1 cuillère à soupe d'huile végétale
- 125g de champignons shiitake, coupés en tranches
- 4 oignons de printemps râpés, blancs et verts séparés
- 2 têtes de pak choy, râpées
- ½ cuillère à café de sauce soja
- 1 cuillère à café d'huile de sésame

INSTRUCTIONS

1) Faites chauffer le bouillon et ajoutez le gingembre coupé en tranches, le demi-piment entier et l'ail. Laissez mijoter doucement pendant 10 minutes. Retirez le gingembre, le piment et l'ail et jetez-les, puis ajoutez le miso en fouettant jusqu'à ce qu'il soit dissous.

2) Dans une autre casserole, faites cuire les ramen en suivant les instructions du paquet, puis égouttez-les et rincez-les sous l'eau froide.

3) Faites chauffer l'huile végétale dans une poêle et faites sauter le piment haché, les champignons, les blancs d'oignons de printemps, le gingembre râpé et le pak choy pendant 3 minutes. Ajoutez l'huile de soja et de sésame et laissez cuire pendant une minute.

4) Répartissez les légumes sautés et les nouilles dans 2 bols. Versez le bouillon bouillant et terminez en saupoudrant les feuilles d'oignons nouveaux.

RAMEN AU PORC ÉPICÉ

Pour 4 personnes

 Temps de préparation : 1 heure

 *Temps de cuisson : 3 heures
+réfrigération de nuit*

INGRÉDIENTS

- 500g de poitrine de porc, peau et excès de graisse enlevés
- 100ml de sauce soja, plus une goutte
- 100ml de mirin
- 1 paquet de nouilles ramen (environ 270g)
- 4 poignées de jeunes épinards
- 4 œufs durs, pour servir
- une poignée de germes de soja
- ½ bouquet d'oignons de printemps, finement émincés

BROTHON ÉPICÉ
- ½ botte d'oignons de printemps, hachés
- 6 tranches de gingembre
- 1 piment rouge, coupé en deux
- 1 gousse d'ail, coupée en deux
- 1,5 litre de bouillon de poulet
- un filet d'huile de sésame

INSTRUCTIONS

1) Chauffez le four à 70°C. Pour faire la poitrine de porc, mettez le porc dans un petit plat à four qu'il doit pouvoir contenir. Mélangez le soja, le mirin et 200 ml d'eau, et versez le tout sur la poitrine de porc, en ajoutant un peu plus d'eau, si nécessaire, pour couvrir la viande. Couvrez hermétiquement avec une feuille d'aluminium et faites cuire au four pendant 3 heures. Videz le liquide de cuisson. Laissez refroidir la poitrine de porc pendant 30 minutes, puis enveloppez-la dans du film alimentaire et appuyez dessus avec une planche à découper lourde. Mettez-le au réfrigérateur toute la nuit, ou au moins 6 heures pour qu'il prenne forme.

2) Pour préparer le bouillon, mettez les oignons de printemps, le gingembre, le piment et l'ail sur une planche à découper et écrasez-les tous avec un rouleau à pâtisserie. Mettez le tout dans une casserole, ajoutez le bouillon de poulet et laissez mijoter doucement pendant 15 minutes. Filtrez tous les solides et jetez-les.

3) Coupez le porc en tranches nettes et réchauffez-le dans le bouillon, en ajoutant un peu d'huile de soja et de sésame pour l'assaisonner.

4) Faites cuire les ramen en suivant les instructions du paquet, égouttez-les et répartissez-les dans 4 bols chauds. Ajoutez une poignée d'épinards dans chaque bol, puis versez le bouillon frémissant. Garnissez le tout de quelques tranches de porc, de moitiés d'œufs, de germes de soja et d'oignons nouveaux.

RAMEN AU TOFU

Pour 4 personnes

 Temps de préparation : 15 minutes

 Temps de cuisson : 45 minutes

INGRÉDIENTS

- saké
- mirin
- sauce soja
- 1 gousse d'ail, écrasée
- un morceau de gingembre de la taille d'un pouce, haché
- 2 piments rouges, 1 tranché en deux, 1 finement émincé
- 150g de légumes verts d'hiver (pak choy, kale ou épinards), déchiquetés
- 2 poignées de pousses de haricot
- 300 g de nouilles ramen sans œufs
- 160 g de tofu mariné, coupé en morceaux
- huile de piment ou d'ail
- 2 oignons nouveaux, finement émincés

INSTRUCTIONS

1) Mettez les champignons, 1 cuillère à soupe de saké, de mirin et de soja, l'ail, le gingembre et le piment rouge coupé en deux dans une grande casserole et ajoutez 2 litres d'eau. Laissez mijoter pendant 30 minutes jusqu'à ce que les champignons soient tendres et que le bouillon soit parfumé. Ajoutez un peu plus de mirin et de sauce soja, pour assaisonner, si vous le souhaitez. Passez le bouillon dans une casserole propre et portez à nouveau à un léger frémissement. Coupez les champignons en tranches et jetez le piment, le gingembre et l'ail. Blanchissez les légumes verts et les pousses de haricot, puis égouttez-les.

2) Faites cuire les nouilles dans de l'eau bouillante salée jusqu'à ce qu'elles soient tendres, égouttez-les et versez-les dans 4 bols à soupe chauds. Ajoutez les champignons tranchés, les légumes verts, les pousses de soja et le tofu mariné au bouillon pour le réchauffer pendant quelques minutes. Répartissez le tofu et les légumes dans les bols, puis versez le bouillon. Ajoutez quelques gouttes d'huile de piment et parsemez d'oignons de printemps et de tranches de piment pour servir.

RAMEN À LA DINDE

Pour 4 personnes

 Temps de préparation : 15 minutes

 Temps de cuisson : 1h30

INGRÉDIENTS

- un morceau de gingembre de la taille d'un pouce, effiloché
- 3 cuillères à soupe de sauce soja
- 150 g de champignons shiitake, coupés en deux et en quatre
- 250 g de brocoli à longues tiges, coupés en petits morceaux
- 2 paquets de 275 g de nouilles aux œufs déjà cuites
- 1½ cuillère à soupe d'huile de sésame grillée
- 400g de viande de dinde cuite, déchiquetée
- 2 gousses d'ail, finement émincées
- 2 cuillères à soupe de miso blanc
- 2 oignons de printemps, finement émincés
- une bonne pincée de flocons de piment séché
- 2 œufs à la coque, coupés en deux (facultatif)

BOUILLON DE DINDE
- 1 carcasse de dinde, coupée en morceaux
- 1 oignon, coupé en quatre
- 1 carotte, coupée en gros morceaux
- 1 branche de céleri, coupée en gros morceaux
- (feuille de laurier, thym ou romarin) herbes ligneuses

INSTRUCTIONS

1) Pour préparer le bouillon de dinde, mettez les morceaux de carcasse dans une grande casserole avec l'oignon, la carotte, le céleri et les herbes. Versez 2 litres d'eau froide et portez doucement à ébullition. Écumer la graisse ou l'écume de la surface puis laisser mijoter doucement pendant 1 heure. Passez au tamis fin. Une fois que la viande est suffisamment froide pour être manipulée, retirez autant de viande que possible de la carcasse et jetez les os et les légumes. Vous pouvez faire cette opération jusqu'à 3 jours à l'avance ou la congeler avec les restes de viande.

2) Portez le bouillon à ébullition et ajoutez le gingembre, la sauce soja et les champignons, et laissez mijoter pendant 20 minutes. Ajoutez le brocoli et faites-le cuire pendant 2 à 3 minutes ou jusqu'à ce qu'il blanchisse.

3) Pendant ce temps, mettez les nouilles aux œufs dans une passoire et versez une bouilloire d'eau à peine bouillie. Répartissez-les dans 4 bols peu profonds. Versez à la louche le brocoli, les champignons et le bouillon.

4) Faites chauffer une poêle antiadhésive à feu vif et ajoutez l'huile de sésame. Faites cuire la dinde pendant 4 à 5 minutes ou jusqu'à ce qu'elle commence à être croustillante, puis ajoutez l'ail et faites-le cuire pendant 1 minute. Ajoutez le miso et faites cuire pendant une autre minute. Répartissez les ingrédients dans les 4 bols.

5) Terminez chaque bol avec un peu d'oignons de printemps, des flocons de piment et un demi-œuf dur, si vous le souhaitez.

RAMEN SAUMON AU PIMENT

Pour 4 personnes

 Temps de préparation : 10 minutes

 Temps de cuisson : 10 minutes

INGRÉDIENTS

- 1 paquet de ramen ou de nouilles aux oeufs instantanées
- 750ml de bouillon de poulet ou de légumes
- 2 morceaux de filet de saumon sans peau
- 1 piment rouge, coupé en tranches
- 2 oignons nouveaux, coupés en tranches
- sauce soja
- ½ bouquet de coriandre, haché
- 1 citron vert ou citron, coupé en quatre

INSTRUCTIONS

1) Faites cuire les nouilles en suivant les instructions du paquet et répartissez-les dans 2 bols à nouilles. Faites chauffer le bouillon dans une poêle profonde et lorsqu'il frémit, faites-y glisser le saumon. Faites cuire pendant 2 minutes, puis ajoutez le piment, les oignons de printemps et un filet de soja et faites cuire pendant 3 minutes ou jusqu'à ce que le saumon soit ferme au toucher.

2) Déposez un morceau de saumon dans chaque bol et répartissez le bouillon entre eux. Ajoutez un peu de coriandre dans chaque bol et pressez un peu de jus de citron ou de citron vert.

CREVETTE ROYALE YAKI SOBA

Pour 2 personnes

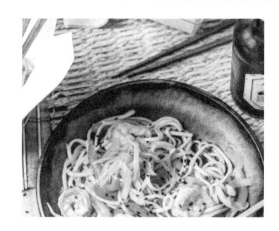

 Temps de préparation : 15 minutes

 Temps de cuisson : 15 minutes

INGRÉDIENTS

- huile, pour la friture
- 1 petit oignon, coupé en deux et en tranches
- 1 poivron rouge ou vert, coupé en lamelles
- 4 oignons de printemps, coupés en tranches, y compris les morceaux verts
- 150g de crevettes royales crues, en papillon
- une poignée de germes de soja
- 300 g de nouilles ramen ou de nouilles aux œufs fraîches
- gingembre rose mariné, râpé pour servir
- graines de sésame noir et blanc, pour servir

SAUCE SOBA YAKI
- 1 cuillère à café de sucre semoule
- 1 cuillère à soupe de sauce soja
- 1 cuillère à soupe de sauce d'huître
- 1/2 cuillère à soupe de ketchup tomate
- 1 cuillère à soupe de sauce Worcestershire
- 1/4 cuillère à café de poivre blanc

INSTRUCTIONS

1) Fouettez les ingrédients de la sauce ensemble.

2) Faites chauffer 2 cuillères à soupe d'huile dans un wok ou une poêle à frire. Ajoutez l'oignon et le poivron et faites-les sauter pendant 3-4 minutes jusqu'à ce qu'ils soient tendres. Incorporez les oignons de printemps et les crevettes et faites-les cuire jusqu'à ce qu'ils deviennent roses. Ajouter les germes de soja, les nouilles et la sauce et mélanger jusqu'à ce que ce soit chaud. Servir en ajoutant le gingembre et les graines de sésame.

Printed in France by Amazon
Brétigny-sur-Orge, FR